감 성 과   이 성 의   연 결

융합이야기

나와 다른 방식
받아들이기

지금까지 당신의 생각은 참 옳았다.
그렇지만 다른 방식을 받아들인다면, 또 다른 차원의
성공의 길이 보일 것이다.

나와 다른 방식 받아들이기

초판인쇄	2020년 07월 20일
초판발행	2020년 07월 27일
지은이	김동환
발행인	조용재
펴낸곳	도서출판 북퀘이크
마케팅	북퀘이크 마케팅팀
IT 마케팅	북퀘이크 영업팀
디자인 디렉터	오종국 Design CREO
일러스트	송혜란
ADD	경기도 고양시 일산동구 백석2동 1301-2 넥스빌오피스텔 704호
전화	031-925-5366~7
팩스	031-925-5368
이메일	yongjae1110@naver.com
등록번호	제2018-000111호
등록	2018년 06월 27일
ISBN	979-11-90860-00-0-03320

정가 16,800원

융합이야기

나와 다른 방식
받아들이기

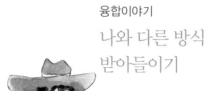

김동환 지음

감 성 과   이 성 의   연 결

The Fusion

BOOKQUAKE

"나의 인생 밭에 맞는 비료를 꼭 찾기를 바란다"

이 책을 읽는 시간은 얼마 걸리지 않을 것이다. 그렇지만 책을 읽은 후 생각하는 시간이 많아지기를 바란다. 꼭 그렇게 해야만 한다. 이 책이 나에게 주는 메시지가 분명히 있기 때문이다.

책을 읽으며 그리고 책을 읽은 후 그 메시지가 무엇일까? 궁금해 한다면 더 유익한 시간이 될 것이라 생각한다.

나의 삶의 밭은 충분히 내 자신이 성장할 만한 비옥한 땅인가?

혹시 이미 메마른 땅에서 성장을 바라고 있지는 않은지?

나에 맞는 비료를 주고 있는지?

나의 성장과 상관없는 비료를 지금도 난 꾸준히 주고 있지는 않은지?

혹시 여러 가지 다양한 방법을 통해서 나와 맞는 비료를 찾으려 얼마나 노력을 했는지?

나의 삶의 밭을 충분히 비옥한 땅으로 만들려는 노력이 필요하다. 나의 인생 밭에 맞는 비료를 꼭 찾기를 바란다. 사랑하는 사람을 잘 돌보고 아끼듯이 나 자신 또한 예쁜 꽃을 피울 수 있도록 잘 가꿔 나가길 바란다. 그렇다면 난 비로소 다른 방식을 받아들일 준비가 되어 있는 것이다.

지금 까지 나만의 삶의 방식대로 내가 잘하는 것을 가지고 잘 살아왔다면, 다른 방식을 받아들임으로서 새로운 성공의 길을 열길 바란다.

이 책에 나온 등장인물이 나 자신의 모습은 아닐까?

"융합은 나와 다른 방식을
받아들이는 것이다"

이 이야기의 기원은 두 철학자가 살았던 시대로 거슬러 올라간다. 플라톤과 아리스토텔레스가 살았던 시대 말이다.

스승이던 플라톤은 이상적인 세계를 그리는 것을 좋아했다. 그러나 제자인 아리스토텔레스는 머릿속으로 그리는 이상을 현실로 만드는 것에 집중했다. 그런데, 특이하게도 플라톤은 제자인 아리스토텔레스의 생각을 존중했다.

그리고, 아리스토텔레스는 이상을 현실로 만들어가는

방식이 사람마다 다를 것이라고 이야기했다. 오늘날, 같은 일을 하더라도 사람마다 다르게 일을 처리한다는 데서 그 근거를 찾을 수 있다.

이 책에서는 우리의 머릿속에 그리는 그림을 현실의 이야기로 만들어가는 과정에서 융합이라는 방법을 동원한다.

그런데, 융합의 과정에는 여러 요소들을 필요로 한다. 그중 우리가 꼭 알아두어야 할 부분은 분명히 다른 사람의 지식으로 부터 받아들여야 할 부분도 있다는 것이다. 그래서 이해하기 어렵고 또 받아들이기는 더욱 어려울 수도 있지만, 그것이 나에게 놀랄만한 긍정적인 변화를 가져다준다면? 이야기는 달라지는 것이다.

그런 한계점을 넘어 충분히 가능하다는 것을 어떠한

방식으로 원하는 결과를 만들어 증명해 냈을까?

꼭 궁금해 하길 바란다.

이야기의 본격적인 시작은 세 사람의 등장인물이 나오면서부터이다. 등장인물은, 농장을 경영하는 농장주인과 새로 입사 한 일군 둘이다.

이 인물들이 하는 일은 닭이 알을 더 낳게 하는 과정을 보여주며, 융합을 이루는 과정을 설명하고 있다. 융합의 과정을 설명하는 가운데,

과연 이 둘은 어떻게 다른 방식을 받아 들였을까?

2020년 6월

저자 김동환

농장주인 | 이 융합의 이야기를 실제로 이끌어가는 사람이다. 필드의 실무자로써의 열정은 바다의 썰물처럼 조금씩 낮아져가고 있으나, 일군들을 교육하기 위한 열정은 아직 펄펄 살아있다.

필드의 온갖 경험들을 두루 거친 사람으로서, 사람들을 대할 때나 일을 바라볼 때, 아주 정제된 감정으로 대한다.

일군 1 | 이 융합의 이야기는 속편이 없는 이야기라서, 일군 1의 단정한 외양 속에 묻어있는 내면의 열정을 펼쳐 보일 기회가 없다.

그러나, 그는 사회 초년생으로써 분명히 마음 한편에 무엇인가를 담고 일한다. 일의 본질을 꿰뚫어보려는, '마그마와 같은 열정' 말이다.

일군 2 | '컨버터블 카, 감미로운 음악, 뻥 뚫린 도로 속으로의 리드미컬한 드라이브' 일군 2에게 어울릴 표현들이다.

그러나, 그는 정확함을 추구한다. '자유로움 속의 표현의 정확함' 말이다.

"아, 융합이라는 것이 충분히
도전해 볼만한 것이구나"

'부릉부릉~ 부르릉~~'

차는 약간의 굽이친 산길을 달려, 농장에서 그다지 멀지 않은 곳에 주차를 한다. 그리고 음료가 가득한 상자를 들고는 농장으로 향한다.

계절은 4월이지만, 산골이라 산의 푸르름은 이제 시작되고 있었다. 지나오던 길에 가지가 꼬불꼬불한 버드나무만이 기억에 강하게 남을 뿐이다.

기대 반 설레임 반의 시간이 흐르고, 농장 주인이 나

온다. 일흔이라고 하기에는, 청바지와 카우보이 재킷이 너무나 잘 어울린다.'

그는 이 책에 등장하는 닭 농장 주인의 실존인물이다. 공군에서 지휘관을 했고, 호텔도 경영했으며, 호두재배 기술도 가지고 있다. 융합으로, 호두농장을 경영하고 있는 분이다.

* 위는 기사의 내용에 준합니다.

실제, 호두 농장 주인에게도 아들이 있다. 미국에서 치의학을 공부하던 중에 스스로 학업을 그만두고, 호두 농장의 경영에 합류를 하게 된다.

이 책의 이야기 속으로 실제 존재하는 인물들을 끌어 옴으로, 융합의 생동감을 끌어올리고자 하였다.

이런 생각을 함께 해보기를 바란다.

'아, 융합이라는 것이 충분히 도전해 볼만한 것이구나.'

'도태되어 있는 나의 분야를 적절하고 신선한 다른 것으로 대체하여 뭔가 다른 그림이 나올 수 도 있지 않을까?'

Creativity is just connecting things.

by Steve Jobs

이 책의 이야기 속으로
실제 존재하는 인물들을 끌어옴으로,
융합의 생동감을
끌어올리고자 하였다.

:차례 | Contents

 | 제1장
융합으로 목표 달성해 나가기

제2장
융합; 다른 방식 받아들이기

| 제3장 |
| 융합의 기본도구, 지식; 다듬어지다 |

융합으로 목표 달성해 나가기

The Fusion

01

중국집 주방장의 융합

"통통통 통통통통.. 치익-칙"

중국집 주방장은 콧노래를 부르며 배추를 썰고 있다. 그의 칼이 도마와 부닥치는 소리는 일정한 리듬을 타며 또 경쾌하기까지 하다.

주방장은 가지런히 썬 배추를 한 움큼 쥐어 웍(Wok)으로 던져놓고는, 이윽고 웍을 돌려 배추를 골고루 볶는다. 그러고는, 오징어를 담은 접시로 눈길을 돌린다.

〈새로운 짬뽕국물을 개발 중인 주방장〉

〈양계농장〉

주방장은 요즘 들어 가게를 찾는 손님들이 짬뽕을 덜 주문한다는 것을 알고 있었다. 그리고, 사장님의 지시도 있고해서 자신의 스타일을 한번 바꿔보기로 결정을 했다. 짬뽕국물을 그냥 얼큰한 맛에서, 얼큰하면서도 약간은 단맛이 나는 국물로 말이다. 그래서, 돌려가며 배추를 썰어 넣어 단맛을 추가해 보기로 결정했다.

중국집 주방장이 새로운 짬뽕국물을 개발하는 과정처럼, 융합은 구성요소들에 대한 검토부터 시작을 한다. 그런데, 융합을 이루는 요소들을 검토하는 과정은 그렇게 간단하지가 않다. 그래서, 구성요소들의 적절한 조합을 끌어내어 결과를 내는 것은 더 어렵다.

그러면, 지금부터 양계농장의 이야기를 통해 융합으로 가는 첫 단계인 요소들을 검토하는 과정부터 왜 쉽지 않은가를 들여다보도록 하자. 그리고, 그 한계점을 넘어 융합의 결과물을 만들어내는 과정을 들여다보고, 융합을 이루기 위해 어떻게 할까도 생각해 보도록 하자.

02
—

양계농장주인; 일군 둘을 고용하다

　　　　대도시 근처에서 양계장을 시작한 농장주인은 아직은 일이 시작단계에 있었다. 그래서, 혼자서 닭들을 돌보고 있었다. 그런데, 농장주인은 며칠째 고민에 잠겼다. 장기적으로는 농장의 일을 체계적으로 만들고 싶고, 또 단기적으로는 달걀을 유통하는 방식을 더 효율적으로 바꾸고 싶어서였다. 고민 끝에 농장주인은, 일군 둘을 고용하기로 했다.

　농장주인은 그들을 고용한지 얼마 지나지 않아, 일군 둘에게 공부꺼리를 내주었다. 하루에 달걀을 한 개 낳는

〈과제를 내어주다〉

닭을 한 마리 가져다주고는, 하루에 알을 두개 낳는 방법을 찾아보라고 한 것이다.

일군 둘은 의문이 가득한 눈으로 서로를 쳐다보았다. 첫 일감치고는 워낙 갑작스럽고 또 쉽지 않은 과제라는 생각에서였다.

03
—

일하는 스타일이 다른 두 일군

농장주인이 일군 둘에게, "학교생활이 어땠느냐?"고 물었다.

첫째 일군이 대답하길,
"저는 대학을 다니는 동안 축산학을 전공했고, 학교수업에만 충실했습니다."

라고 말했다. 깔끔하고 단정한 옷매무새가 그의 학교생활의 단면을 말해주었다.

〈첫째 일군은 교과서적이다〉

첫째 일군은 이어서 대답을 했다.

"학과목들 중에서는 사료수업을 관심있게 들었습니다. 특히 졸업과제로는, 닭에게 주는 사료의 종류와 양에 따라 알을 얼마나 더 낳는지를 정리하여 발표를 했습니다."라고 말했다.

꾹 눌러쓴 모자 아래로 약간은 긴 머리가 드러나는 둘째 일군은 꼭 헤비메탈 가수와 같은 스타일을 하고는, 자유분방한 성격을 가진 듯 보였다.

둘째 일군은 저음의 자신감 있는 목소리로 대답했다. "저는 음악을 통해 저를 자유롭게 표현하고 싶었습니다. 그래서, 음악과를 다니기 시작했고, 또 음악밴드 동아리도 해 보았습니다.

그리고, 다른 과목들은 별 흥미가 없었지만, 동물음악만은 열심히 공부했습니다. 졸업후 대중음악 작곡가로

〈둘째 일군은 보헤미안 스타일이다〉

활동을 할 예정이었으나, 불현 듯 동물에 관심을 가지게 되었고, 어떻게하면 음악으로 그들을 편안하게 할지에 관심을 가지게 되었습니다."

04
—

각자가 배운 대로 하다

농장주인은 둘이 스타일이 다른 만큼 의견충돌도 일어날 것이라고 보았고, 동시에 일의 상승효과도 날 것이라고 보았다.

그런데, 둘은 벌써부터 서로의 입장을 주장하기 시작했다. 농장 주인이 준 과제를 벌써 시작한 것이었다. 관심분야가 사료이니 만큼 첫째 일군은 지금 주는 사료의 양을 늘려 주어야한다고 했다. 사료의 양을 늘리는 것이 닭의 생육을 성장시키고 알을 더 낳게 한다는 수업시간에 들은 지식을 이야기했다.

〈서로의 방식대로 해보기로 하였다〉

둘째 일군도 아이디어를 내었다. 학과의 동물음악수업을 통해 이론 공부를 하긴 했지만, 그의 자유분방한 성격답게 무작정 음악을 들려줘 보기로 한 것이다. 닭이 하루 종일 먹이활동을 하고 알을 낳는 일을 반복하다보면 지칠 수 있기 때문에 긴장을 풀어줄 필요가 있다고 생각했다.

첫째 일군은 농장주인에게 물어 닭에게 먹여오던 사료가 무엇인지 알아냈다. 그리고, 종이위에 표로 작성하여, 사료의 양을 늘려주는 계획을 세웠다. 그러고는, 사료를 조심스럽게 계획된 양 만큼 떠서 닭에게 가져다주었다.

둘째 일군은 누구에게 묻지도 않고 인터넷 쇼핑몰에 스피커를 주문했다. 택배로 온 스피커를 농장기둥에다 설치하고, 음악 플랫폼 사이트를 통해 지금 해외에서 인기를 끌고 있는 케이팝 음악을 하나 골랐다. 진행이 일사천리였다.

05
—

공부를 더 해보기로 결정하다

그렇게 둘의 기대속에 하루하루가 지나갔다.

그런데, 시간이 흐르면서 기대한 것과는 반대의 일이 벌어졌다. 음악을 들려주고 사료를 늘려 주었는데도, 닭이 알을 적게 낳기 시작한 것이다. '어..?' 하고 둘은 서로의 눈을 쳐다보았다.

둘은 뭔가 잘못된 것 같다는 것을 직감하였다. 그리곤, 같은 결론에 다다랐다. 각자 대학을 다닐 때부터 해

〈서로의 방식대로 해보기로 하였다〉

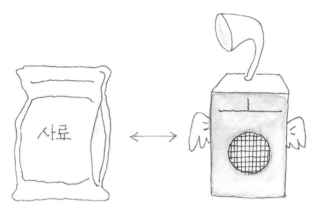

〈연관성을 이해하지 못하다〉

오던 사료와 동물음악에 관한 공부를 좀 더 해보기로 한 것이다.

첫째 일군은 사료에 대한 자료를 인터넷과 책을 통해 더 찾아보기로 하였다. 둘째 일군은 닭에게 무작정 음악을 들려주기보다는 좀 더 체계적으로 닭이 좋아할 만한 음악을 찾기로 하였다. 그렇지만, 둘 다 어딘가에는 닭이 알을 더 낳게 하는 방법이 있을 거라는 막연한 생각만 하고 있었다.

06
—

근거가 부족한 결정을 하다

첫째 일군은 계속 사료에 관한 이런저런 자료를 뒤적였다. 그러다가 어떤 자료를 발견해냈다. 닭에게 먹이는 사료도 중요하지만 그에 맞는 음악을 들려주어야 한다는 것이다. 그러면, 닭이 알을 더 낳을 거라고 적혀있었다.

스피커에서 흘러나오는 케이팝을 들으며 어깨를 들썩이던 둘째 일군은 동물음악 전문가를 찾아가보기로 하였다. 그 전문가는 닭이 알을 더 낳게 하기 위해서는 들려주는 음악에 맞는 사료가 중요하다고 했다.

〈관련이 있다는 것까지는 알다〉

'음악에 맞는 사료를 준다..'

둘째일군은 이 말을 중얼거리며 농장으로 돌아왔다.

서로에게 어울리는 것을 찾으라는 말인 것 같은데, 한참을 논의하였지만 둘은 명확한 결론을 내지 못했다. 왜냐하면, 첫째 일군은 축산학을 공부할 때에 사료에 관한 공부는 하였지만, 음악과에서 동물을 위한 동물 음악 수업을 들어본 적이 없었다. 또 둘째 일군은, 전문가에게서 동물음악이외에도 사료를 주는 것이 중요하다는 이야기는 들어본 적은 있지만, 사료에 대해서는 배우지 않아 익숙지 않았다. 물론, 농장일의 경험으로도 익숙지 않았다. 그래서, 일군 둘은 서로의 입장을 더 깊이 이해하지는 못했다.

이유를 충분히 확보하지 못한 상태에서, 첫째 일군은 주던 사료를 더 주고, 둘째일군은 케이팝의 다른 곡을 골라 들려주었다. 둘에게는 어쩔 수 없는 결정이었다.

07

각자의 방식을 더 주장하다

시간이 자꾸만 흘러갔다. 첫째 일군은 닭에게 사료를 더 늘려주는 자신의 방법에 자신이 없어져 가고 있었다. 자신만만하던 둘째 일군도 케이팝을 여러 노래로 바꿔가며 들려주는 것에 자신이 없었는지 어깨는 시간이 지날수록 축~ 늘어져만 갔다.

그 둘은 잠시 서로의 주장에 대해 깊이 생각을 해 보았다. "사료에 맞는 동물음악을 찾는다..?" 라고 첫째 일군은 혼잣말을 하였다. 둘째 일군은 '동물음악에 맞는 사료를 찾는다? 라는 반대의 입장이었지만, 답답하기는

〈옥수수사료와 발라드를 들려주다〉

매한가지였다.

그냥, 첫째 일군은 옥수수가 들어간 사료를 먹여보자고 했다. 옥수수사료를 소에게 먹이니 살이 쪘더라는 소문을 들은 것이다. 닭에게도 이 사료를 먹이면, 살이 찌고 알을 더 낳을 거라고 생각한 것이다.

둘째 일군은 빠른 템포의 노래보다는 느린 발라드가 낫지 않겠느냐는 말을 하였다. 신나는 장르보다는 아무래도 감성을 호소하는 발라드가 닭이 소화를 시키기엔 더 나을 것이라는 생각으로 실행에 옮겨 보기로 했다.

결과적으로 느린 발라드도 옥수수 사료도 닭이 알을 더 낳게 할 수도 있었다. 그렇지만, 그들이 원하는 결과에는 미치지 못했다. 그 이유가 각자 본인의 탓인지? 아님 상대방의 탓인지.. 알수가 없었기에, 일단은 각자의 방식을 강화하는 방향으로 일을 풀어가기로 했다.

여전히 그들은 서로를 이해 못한 채로

그러나, 닭은 그들의 기대대로 움직여주지는 않았다. 다른 방식을 이해하기보다 각자의 방식을 더 강화하는 방향을 선택한 결과는 더 나쁜 결과를 초래하게 되었던 것이다. 닭은 달걀도 덜 낳게 되었고, 털도 푸석푸석해지고, 먹이를 쪼는 움직임도 느려져갔다.

그러면서,

"옥수수가 들어있는 사료는 알을 더 낳게 할 줄 알았

〈바닥을 치다〉

는데.." "느린 발라드가 신나는 장르의 노래들 보단 나
을 줄 알았는데.."

　라면서 둘은 말끝을 흐렸다.

　머릿속이 복잡한 것도 일에 대한 의욕이 있을 때의
이야기다. 둘은 두 번이나 닭을 키우는 조건을 바꿨음
에도 기대와는 다르게 어떠한 성과를 거둘 수가 없었
다. 그래서, 그들은 머리를 감싸 안은 채 닭 앞에 덩그
러니 앉았다.

09
—

농장주인; 두 일군들에게 다가가다

　　　　　농장주인은 닭 앞에 덩그러니 앉아있는 두 일군을 발견하였다. 그리고는, 조용히 다가가 자신이 알려주는 대로 해 보는 것이 뗗겠느냐고 제안을 하였다.

　사실, 첫째 일군과 둘째 일군은 모두 농장주인의 아들들이었다. 아버지는 농장교육도 할 겸, 두 아들들에게 의도적으로 난이도가 높은 일을 맡긴 것이다.

　농장주인은 다시 근엄하고도 부드럽게 말했다.

〈농장주인: 등장하다〉

나와 다른 방식 받아들이기

"닭에게 달걀을 더 낳게 하는 일은 원래 복잡하고 어려운 일이다. 그러니, 너무 상심해하지 말거라. 그리고, 다시 닭이 하루에 한 개의 알을 낳도록 하는데 도움을 주겠다. 그런 후에, 하루에 두 개의 알을 낳는 방법을 알려 주겠다."

하고 말을 이어갔다.

10
—

서로 깊은 대화를 통해...

농장주인은 일군 둘에게 무엇에 집중을 해야 하는지를 말해주었다.

"달걀을 더 낳도록 하기 위해 둘이 함께 고민을 할 때는, 생각보다 서로의 분야에 대해 잘 알아야 한단다. 사료를 공부한 입장에서는 어울리는 동물음악을 찾기 위해, 또 동물음악을 공부한 입장에서는 그에 맞는 사료를 찾기 위해 생각보다 더 깊은 대화를 나누어야 한단다. 그럼으로, 기술적인 출발의 기준을 찾을 수 있어야 한단다."

〈기술적인 출발기준을 찾는다〉

라고 이야기를 이어갔다.

"그러면, 기술적인 출발기준을 찾는다는 것에 대해 조금 더 이야기하겠다. 기술적인 출발 기준을 찾는다는 것은 자연의 법칙에 기반하여 일을 풀어가는 출발기준을 찾는 것이란다. 여기서는, 닭이 하루에 한 개의 알을 낳는 것을 기본조건으로 하고자한다. 그 조건에서 털의 윤기나 닭의 모이활동에 관한 전문서적을 찾아보거나 전문가에게 물어 그 수준의 기술적인 출발기준을 찾는 것이다.

여기서, 닭이 하루에 한 개의 알을 낳게 하는 방법은 여러 가지가 있을 수 있단다. 사료만 줄 수도 있고, 사료의 종류를 바꾸고 동물음악과 조합할 수도 있단다. 그러나, 이런 방법들과는 상관없이 닭이 하루에 꾸준히 한 개의 알을 낳는 닭의 생물학적인 기술적 출발기준은 거의 일정하다고 볼 수 있단다.

그리고, 기술적인 기준을 찾는 과정에서, 사료와 동물

음악이 각각 또는 서로의 조합이 어떤 과정을 거쳐 기술적인 기준에 영향을 주는지 알아내는 과정이 필요하단다. 둘의 조합을 예로 들자면, 특정 성분이 들어간 사료와 어떤 동물음악을 들려 주었다면, 그 사료와 어떤 동물음악이 털의 윤기나 모이활동정도에 어떻게 영향을 주는지를 과학적이자 생물학적인 조사과정을 통해 알아내는 것이다.

이런 과정을 거치면서, 분야가 다른 둘은 닭이 알을 낳는 과정을 근원적으로 이해할 수 있고, 그러면서 서로의 분야에 대해 깊이 이해할 수 있게 된단다. 그러면, 사료만을 공부한 사람의 입장에서는 어울리는 동물음악을 찾을 가능성이 높아지고, 또 동물음악만을 공부한 사람의 입장에서는 어울리는 사료를 찾을 가능성이 높아진단다.

나중에, 달걀을 더 낳게하는 방법을 찾는 일은 이런 과정들을 충분히 밟았을 때 의미가 있단다. 기술적인 기준을 찾는 과정에서 알을 낳는 것을 근원적으로 이해할 수 있음으로, 알을 더 낳게하는 방법을 찾는 것은 그다지 어렵지 않단다. 그리고, 알을 더 낳게하는 과정에서 닭의 컨디션이 잠시 나빠지더라도 어렵지 않게 해결책을 찾을수가 있지."

농장주인의 이 설명을 들은 두 일군은 속으로, '아.. 마트에서 달걀을 사다먹는게 훨씬 편하겠다~.' 라며 고개를 땅으로 떨구었다.

11

다시, 단순화하다

농장주인은 서로 적합한 사료와 어울리는 동물음악을 찾는 일을 해봐서 이미 알고 있었다. 닭사료의 종류와 양, 들려주는 음악을 동시에 바꾼다는 것은, 저글링(Juggling)을 터득하는 것처럼 익숙해지기 전에는 복잡해 보인다는 말이다.

그래서, 농장주인은 닭의 생육조건을 아주 단순하게 만들 것을 지시했다.

첫째 일군에게는 옥수수사료를 주지 말고, 농장주인

〈사료는 처음의 것, 음악은 no〉

이 처음에 주던 사료를 주라고 했다.

 둘째 일군에게는 음악은 아직 들려주지 말자고 말했다. 이 조건은 농장주인이 두 일군에게 닭을 건넬 때의 조건 그대로였다. 이 조건에서 닭을 회복시켜보자고 말하였다.

 두 일군은 농장주인의 지시대로 닭을 키우는 조건을 단순하게 만들었다. 그렇지만, 닭은 크게 회복되는 기미가 보이지 않았다.

 농장주인은 첫째 일꾼에게, 사료의 양을 조금씩 변화를 주자고 하였다. 그러자, 첫째 일군은 닭에게 사료의 양을 조절하여 주었다. 닭에게 사료를 조금 더 줘보기도 하고, 덜 줘보기도 하였다. 또 둘 사이의 중간의 양을 줘보기도 하였다. 닭은 중간정도의 사료의 양에서 반응을 보이기 시작하였는데, 차츰 털에서 윤기가 돌기 시작하였다. 그리고, 모이를 쪼는 움직임도 점점 활

〈제대로 좀 줘요~ 힝〉

발해져 갔다.

이윽고, 닭이 알을 낳는 주기가 줄어들어갔다. 닭은
건강상태가 좋지 않을 때에 일주일에 겨우 한 개 낳다
가, 사흘에 한 개로 알을 낳기 시작했다. 마침내 일군들
에게 닭을 건네던 그대로, 하루에 한 개씩 알을 낳게 되
었다.

12

일군 둘은 동시에 바꿔보기로 결정한다

농장주인은, "둘은 알을 더 낳게 하는 방법을 찾다가 어디서 잘못 시작하게 되었을까?" 하고 두 일군들에게 물었다.

그런데, 농장주인은 그들의 대답을 듣기도 전에 바로 말을 이어갔다. 농장에 방금 입사한 일군들이 대답하기에는 어려운 질문이라고 판단했기 때문이다.

"닭이 알을 낳는 조건을 동시에 변화를 줬기 때문이다. 사료이든 동물음악이든, 하나를 고정시키고 다른 하

〈농장주인: 무엇이 잘못 되었을까?〉

나에 변화를 주는 절차를 거쳤어야 한단다."

"사료와 동물음악을 동시에 바꾼다면, 알을 더 낳게
되더라도 무엇 때문에 더 낳게 되었는지 알지 못한단다.
그리고, 변화를 준 결과는 정한 기간동안 확인을 해야
한단다."

라고 농장주인은 두 일군에게 말했다.

그러나, 일군 둘은 충분히 이해할만한 논리적인 설명
이라 판단하면서도 오히려 그들의 머릿속은 점점 더 엉
키기 시작했다.

13
—

알 두 개 낳게 하기; 클래식을 들려주다

　　　　　농장주인은 두 일군에게 알을 두
개 낳는 방법을 알려주기로 하였다. 그런데, 농장주인이
예전에 해 본 방법이 아니라, 이번을 통해 새롭게 도전
하는 방법이었다.

이번에는 둘째 일군에게 닭의 생육조건을 단순화하기
위해 끊었던 음악을 들려주자고 이야기하였다. 그러나,
음악은 둘째 일군이 들려주었던 빠른 댄스곡이나 느린
발라드 보다는, 빠른 템포의 컨트리음악과 첼로연주가
깔리는 클래식을 선택했다.

〈사료는 바꾸지 않다〉

〈빠른 컨트리음악과 중후한 클래식〉

결과는 이러했다.

컨트리 음악에는 닭이 편안한 모이활동을 보이지 않았다. 그래서, 첼로연주가 배경으로 깔리는 중후한 클래식 음악으로 바꿨다. 닭은 바로 반응을 보이기 시작했다. 닭들은 편안한 모습으로 더 활동적인 모이활동을 하기 시작했다.

닭은 얼마 후에, 전보다 더 많은 알을 생산해냈다. 그러나, 아직은 하루에 두 개를 생산할 정도는 아니었다.

14

알 두 개 낳게 하기; 사료를 바꾸다

농장주인은 닭이 클래식을 듣고 알을 더 낳게 된 것에 기분이 들떴다. 그래서, 알을 두 개 낳도록 이번에는 사료의 종류를 바꿔보기로 했다.

어떤 사료를 먹일까 고민을 하던 농장주인은 불현듯 이웃 농장주인의 이야기를 떠올렸다. 구기자 말린 것이 들어간 사료를 먹이면 달걀의 노른자가 더 선명해지고 알을 더 낳게 된다고 한 것이 기억난 것이다. 농장주인은 다시 첫째 일군에게 구기자가든 사료를 들고 오라고 했다. 그리고, 닭에게 조심스레 건네주라고 했다.

〈클래식은 바꾸지 않다〉

또 다시 몇 주가 흘렀다.

그런데, 아무래도 닭의 반응이 이상했다. 음악도 중후한 것으로 들려주고, 몸에 좋은 구기자사료를 주는데도, 닭털은 더 푸석푸석해지고 먹이를 쪼는 움직임도 더 느려졌다.

농장주인은 '이상하다?' 고 생각을 하면서도 구기자사료를 계속 주었다. 거기에는 나름의 이유가 있었다. 새로운 시도를 하는 데에는 으레 장벽이 있게 마련이다. 그래서, 농장주인은' 이러다가 좋아지겠지' 하고 기다리고 있었다.

15

사료의 양을 세밀하게 조절하다

안되겠다 싶어 농장주인은 구기자 사료의 양을 세밀하게 조절하기로 하였다. 그래서, 첫째일군에게 사료를 지금보다 조금 많이, 그 다음은 조금 적게 주자고 한 것이다.

첫째일군은 먼저, 조금 많은 양의 사료를 주었다. 그런데, 노른자는 선명해졌으나 닭이 알은 더 낳질 않았다.

그걸 지켜보는 농장주인도 슬슬 답답해지기 시작했다. '내가 이웃 농장주인에게 잘못 들은 걸까?

〈농장주인 무엇이 잘못되었을까〉

구기자 사료라고 했는데..'

라고 속으로 생각하였다.

그리고, '달걀의 노른자가 선명해지는 것은 당연하다
는 생각이 드는데, 알을 더 낳게 한다는 확신은 들지 않
으니..'

이제는 닭털이 부스스해지고 빠질 지경이 된 것이 문
제가 아니라 농장주인의 머리카락이 부스스해지고 심지
어는 빠질 지경이었다.

또 그렇게 몇 주가 지났다. 이제는 구기자 사료를 주
는 조건이 하나만 남아있었다. 바로 사료를 조금 적게
주는 것이었다.

다시 몇 주간이 흘렀고, 닭의 부스스한 털에서 새 털
이 조금씩 보이고 전체적으로 윤기가 돌기 시작했다. 모

〈주인의 정성에 드디어..〉

이활동도 활발해진다는 느낌이 들었다.

　며칠 후, 농장주인이 잠든 새벽에 닭은 드디어 알을 두 개를 낳았다. 예상대로 노른자는 샛노랬다.

16

두 일군; 기뻐하다

　　　　　　"웃—후—" 두 일군은 달걀을 두개 낳은 닭을 신기한 듯 쳐다보았다. '그렇게 애를 먹이더니..'라고 속으로 생각을 하였다. 비록 자신들의 방법으로 성공한 것은 아니지만, 닭이 알을 더 낳게 한 것에 자부심을 느꼈다.

　그리고, 그 방법을 터득한 배경에 대해 농장주인께 청하여 설명을 듣기로 했다.

〈주인의 정성에 드디어..〉

나와 다른 방식 받아들이기

17

농장주인은 두 과목을 모두 공부하였다

이미 이야기한 바와 같이 일군 둘은 대학을 다닐 때, 첫째는 축산학과에서 사료를 둘째는 음악과에서 동물음악을 공부하였다. 그러나, 농장주인은 대학을 다닐때에 두 가지 전공을 모두 공부하였다. 그래서, 두 전공이 이론을 풀어가는 방식의 차이에 대해 잘 알고 있었다. 또 사료와 동물음악의 수업을 모두 공부하였으니, 닭이 알을 더 낳게 하기 위해 사료와 동물음악을 어떻게 조합해야 하는지를 알 수 있었다.

거기다가, 농장주인은 학교에서 배운 이론을 실제에

〈서로의 방식을 잘 알고 있었다〉

　　나와 다른 방식 받아들이기

적용하는데 필요한 감각을 가지고 있었다. 이론의 실제 적용에 있어서 주의할 점들을 마음으로 느끼고 있었던 것이다.

농장주인은 이론적으로나 실무적으로, 이미 필드의 해결사다운 면모를 지니고있었던 것이다.

18
—

닭을 건강하게!!

그리고, 농장주인은 아들들에게 이야기하였다.

"아직 우리 농장에서 한 번도 시도해보지 않은 일이 있단다. 바로 닭이 하루에 네 개의 알을 낳도록 하는 것!"

"그러나, 여기에 반드시 주의해야 할 것이 있단다. 닭이 알을 더 낳도록 하는 것도 중요하지만, 닭에게 무리하게 알을 낳게 해서는 안 된단다. 그렇게 하면, 결국 닭

〈닭에게 무리한 요구하지 않기〉

의 건강이 나빠지고 또 알을 더 낳게 하는 결과를 가져
올 수도 없단다." 하고 말을 맺었다.

PART
02

융합; 다른 방식 받아들이기

The Fusion

01
—

실제의 닭

이 책은 설명하기 쉽도록 닭이 살아가는 환경을 아주 단순하게 만든 것이다. 실제로 농장을 찾아가보면, 닭은 사료도 먹고 지렁이도 찾아서 먹고 또 물도 마셔야 살 수 있다. 그래서, 닭이 알을 더 낳게 하기 위해서는 우리가 실제로 고려해야할 요소들이 훨씬 더 많아서 위와 같은 실험보다 더욱 복잡한 상황이 연출된다는 이야기이다.

그러나, 모든 요소들이 또 달걀을 더 낳게 하는 데에 큰 영향을 주는 것도 아니다. 그래서, 닭을 키우기 편하

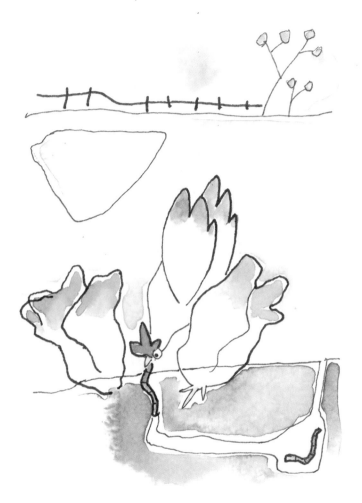

〈닭은 여러 가지를 쪼아 먹는다〉

도록 하기 위해서는, 필요한 요소들을 단순하게 정리할
필요가 있다.

그런데, 여기서는 읽고 이해하기 쉽도록, 계속 단순한
융합의 요소들로 설명을 이어가도록 한다.

02
—

두 요소; 사료, 동물음악

"앞에서도 설명을 하였듯이[1], 융합
의 요소들간의 방식의 차이를 알아야만 서로 깊은 대화
를 할 수 있고, 또 알을 더 낳기위한 기술적인 기준을 세
울 수 있단다."

라며 농장주인은 사료와 동물음악 수업의 차이를 설
명하기 시작했다.

---

[1] 앞장의 '서로 깊은 대화를 통해..' 의 내용이다.

"동물음악의 수업방식은 이러했단다. 그 수업은 동물음악이 어떤 식으로 닭에게 알을 더 낳게 하는가를 전반적으로 다루었단다. 그러고 나서, 닭이 편안함을 느끼고 알을 더 낳는 음악을 찾아 나섰지. 그래서, 수업량이 방대했단다[2].

그러나, 사료 수업은 그 방식과는 전혀 달랐단다. 그 과목은 어떤 특정물질이 들어간 사료를 닭에게 먹이면, 먼저 깃털에 윤이 나는가? 또는 그렇지 않은가?를 확인하는 수업방식 이였단다. 깃털에 윤이나면, 다시 살이 찌는지를 확인하기도 했지. 이렇게 닭에서 나타나는 다양한 상태들을 차례차례 점검해 나갔단다. 특정물질의 사료가 달걀을 더 낳는가에 대한 결과는 나중에 확인을 하는 방식이었단다."

---

[2] 두 방식의 차이에 대한 자세한 설명은, 이 책의 마무리인 '나가며'에 있다.

03
—

받아들이기

"무엇을 받아들인다는 것은 말보다는 실천의 영역이란다. 왜냐하면, 머리로 얻은 지식을 결과로 낼 수 있을 때, 진정으로 다른 방식을 받아들였다고 할 수 있기 때문이지."

그 말은 다시 말해,

"상대의 방식으로 내 방식을 바라본다는 의미이기도 하다.

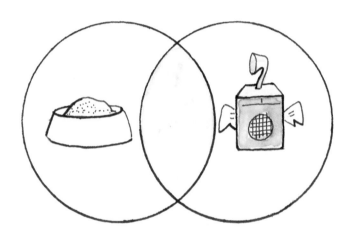

〈다른 방식으로 내 방식을 보다〉

거기에 더 나아가,

내 방식을 새롭게 정리한다는 뜻이기도 하단다."

라며, 두 아들들에게는 머리로는 알아들을 수는 있겠지만, 마음에는 선뜻 와 닿지 않는 말들을 이어갔다.

"내가 두 과목의 차이를 받아들인 과정을 알려주겠다. 나는 두 전공을 공부하는 동안, 이 두 과목을 수강하면서 수업방식이 다르다는 것에 별로 신경을 쓰지 않았단다. 동물음악은 전체를 알게 하니 당장은 공부할 량이 많더라도 나중에는 공부하기가 훨씬 수월했단다. 또, 사료수업은 특정사료가 털의 윤기를 달라지게 한다는 것에 흥미가 있었지."

그리고, 농장주인은 말하였다.
"나와 다른 방식을 받아들이는 태도에는 두 가지가 필요하단다.

'치열함과 문턱을 낮추는 자세' 란다.

치열함은 자신의 방식을 공부할 때에도 중요하지만, 나와는 다른 방식을 공부할 때에는 특히 필요한 태도란다. 그리고, 문턱을 낮추어주는 것은 그야말로 자신의 배움의 세계를 여는 것이란다."라며 농장주인은 두 아들들이 이 말을 마음깊이 받아들이도록 힘주어 말했다.

04
—

국어도 물리도 다르다

　　　　　　"국어를 가르치는 방식은 사료과목
과 유사하다고 할 수 있단다. 특정사료 성분이 알을 더
낳게 하는 사료로 확인을 하기 까지는, 내가 주장하려는
바가 생겼을 때 이를 논리적으로 풀어가는 국어의 방식
과 유사하다고 본다.

　반면에 물리수업은, 달걀을 더 낳게 하는 원인을 전체
적으로 파악하게 한 후, 알을 더 낳게하는 새로운 음악
을 찾는 동물음악의 수업방식을 닮아있다고 본다. 새로
운 동물음악을 찾는 과정이 어떤 틀의 너머에 있는 것을

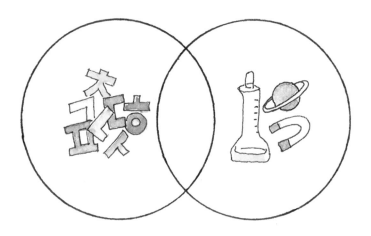

〈국어와 물리〉

짚어내는 방식이기 때문이지.

　나와는 다른 방식을 받아들였다면, 이제 융합의 요소들을 조합하는 단계로 넘어가게 된단다."

05
—

그런데, 욕심을 부리다가...

　　　　　　농장주인은 융합의 요소들을 조합
하여 결과를 내기위한 노력을 하던 경험들에 대한 설명
을 이어갔다.

"농장 일을 시작하던 때에는 실수가 많았단다. 그때는
학교수업에서 배운 사료와 동물음악의 지식을 바로 농
장 일에 적용하려 하고 있었단다. 덜 익은 지식으로 일
을 하던 때였지.

그런데, 이런저런 노력을 하던 어느 날, 나는 닭이 가

〈건강한 닭을 기준으로 삼게 되다〉

장 알을 많이 낳는 사료성분을 찾게 되었단다. 얼마 지나지 않아, 달걀을 가장 많이 낳는 음악도 골랐단다. 그때 나는 알을 가장 많이 낳는 두 조건을 합치기로 결정을 했지.

그다지 바람직한 결정은 아니었단다.

닭들은 다행히 살아났지만, 사료와 동물음악이 서로서로 맞지 않았던 거지. 닭털은 푸석푸석해졌고 움직임도 굼뜬 채, 닭이 알을 거의 낳질 않게 되었단다. 닭의 건강이 위협을 받을 정도였지.

나는 그 뒤로 굳게 결심을 하게 되었지. 닭이 알을 한 개 낳건 두 개 낳건 먼저 닭을 건강하게 키우자고 결심을 했단다."
이 말을 건네는 농장주인은 눈을 찡끗해 보였다.

융합의 기본도구, 지식; 다듬어지다

The Fusion

01
—

지식이 진화되도록 준비하다

농장주인은 융합의 요소들에 대한 원론적인 이야기로 들어갔다.

"우리가 사료와 동물음악수업에 배운 것은 지식이라 할 수 있다. 그런데, 우리가 배운 지식은 상황에 맞게 다듬어져야한단다.

그런데 여기서, 왜?

'지식은 다듬어진다' 라는 표현을 쓰게되었는지 알려주고자 한다."

그러면서, 이와 관련한 사람들의 이야기를 꺼냈다.

"고대 플라톤이라는 철학자는, 꽃의 이상적인 아름다움을 생각했단다. 사람이 아름다움을 만들어서 꽃에게 입히면, 장미나 코스모스나 아름다워보인다는 것이다. 꽃의 아름다움 자체를 획일적이라고 본 것이지.

그러나, 플라톤의 제자인 아리스토텔레스는 다르게 생각을 했단다. 즉, 아름다움이 꽃마다 다르다고 보았단다. 장미도 코스모스도 씨앗부터 다른 아름다움을 가지고 태어난 후에, 시간이 지나면서 환경에 맞게 변모해간다고 본 것이다.[3]"

"여기서, 꽃의 아름다움도 지식이라 할 수 있단다. 왜냐하면, 꽃을 보고 느낀 것도 지식이기 때문이다. 그러나, 꽃에 대한 느낌은 꽃의 상태에 따라 저절로 변모해간다고 할 수 있다.

관건은 우리가 의도적으로 배우는 지식이다. 자신이

---

3) 아리스토텔레스는, 이상의 세계를 현실로 구현하는 데에 많은 관심이 있었다.

〈지식은 다듬어진다〉

좋아하는 강의를 고르고, 좋은 책을 읽는 것은 능동적인 움직임이다. 그렇지만, 이 지식들이 상황에 적합한 지식으로 변모해 가는 것은 수동적이라고 생각을 한단다. 시간이 흐르면서 이리저리 맞추어져 상황에 맞는 지식으로 떠오른다는 것이다.

그래서, 우리가 할 수 있는 일은 좋은 자료를 찾고, 좋은 강의를 듣는 것뿐이라고 생각을 한단다. 아 참, 좋은 아이디어가 떠오르도록 기다려야하는 것도 있구나."

농장주인은 조금은 복잡하게 들릴지는 모르지만, 지식을 다루는 사람들에게는 결코 놓쳐서는 안 될 중요한 요소들을 설명하며 이야기를 마쳤다.

02

지식이 다듬어진다는 것은

'지식이 다듬어진다..' 두 일군은 이 말을 곱씹었다. 그러나, 농장주인은 이윽고 강의를 하듯이 말을 이어갔다.

"그렇다면 지식이 다듬어진다는 말은 구체적으로 어떤 다른 의미를 가질까?

나는 지식이 다듬어지는 과정 안에서, 한 개인의 과학적 사고와 감성적인 사고를 훈련하게 된다고 본다. 닭이 힘이 없어 보인다는 이유로 측은한 생각이 들어 다른 장

〈지식이 다듬어진다는 말은 어떤 다른 의미일까?〉

르의 음악을 들려줘야겠다는 생각이 든다면, 자신의 감성이 내면으로부터 분출되기 시작했다고 본다.

과학적인 사고를 위한 훈련과정은 우리가 달걀을 더 낳게 하는 방법을 찾을 때, 이미 충분히 살펴보았다고 생각한단다."

03
—

내 지식만으로는 완전해 질 수 없지

"거기다가, 농장일은 학교시험과는 성격이 많이 다르단다. 학교시험에서는 많은 지식을 되도록 빠짐없이 아는 것이 중요하지만, 농장일은 아주 작은 지식이라도 닭들에게 큰 영향을 줄 수 있단다. 그래서, 하나라도 허투루 생각할 수 없지."

"그리고, 농장일은 한 사람이 모든 일을 다 할 수는 없단다. 닭을 키우는 일과 농장시설을 관리하는 일, 또 낳은 달걀들을 유통하는 일은 농장규모가 커질수록 많아진단다. 그래서, 서로 지식적으로 보완이 필요하고 외형

⟨농장일은 학교시험과는 성격이 많이 다르단다 ⟩

적인 협동도 필요하단다."

　농장주인은 이 말을 끝으로 다른 닭들을 돌보러 자리를 떴다. 그리고, 오늘 오후는 둘 다 좀 쉬라는 말도 덧붙였다.

04

이제야 마음을 놓다

일군 둘은 농장주인의 설명을 듣는 중에 손에 땀을 놓질 못했다. 놓치고 싶지 않았지만, 또 바로 이해하기에는 쉽지 않은 내용들이었기 때문이다. 그래서, 기록으로 정리해두고 의미들을 천천히 음미해보기로 하였다.

그리고, 그들은 멀리 경치를 바라다보았다. 그러면서, 오늘 오후에는 차를 몰고 기꺼이 시내로 나가 왁자한 분위기를 한번 느껴보기로 한다!

〈그들은 멀리 경치를 바라다보았다〉

"스카이워커처럼 우리는 인생을 늪지대에서 잘 띄워 올릴 수 있을 것이다"

뚜뚜~ 뚜뚜두 두뚜~~

SF영화 스타워즈 시리즈에, '요다' 라는 인물이 나온다. '제다이' 기사들 중에 가장 나이가 많은 '루크 스카이워커'를 키워낸 인물이다.

늪지대에 추락한 비행기를 끌어올리는 루크에게 요다 는 말을 건넨다.

"해 본다고 생각하기 때문에 안 되는 거다. 그냥 하는 거다.'"라는 말을..

  이 융합의 이야기 속에 농장주인도 요다와 같은 마음이
다. 두 아들들이 해 낼 수 있기를 바라는 같은 마음이다.

  그렇다, '한번 해 본다.'는 마음으로 일을 대하는 것
은, 우리를 목적지에 다다르게 하기 힘들다. 또, '반드
시 해 낸다.'는 우격다짐도 일에 집착을 하게 만든다.

  '해 내야 한다.'는 부담감과 '해 보는 걸로 만족하지
뭐.'라는 소극적인 태도 사이에 균형을 잘 맞출 때, 스
카이워커처럼 우리는 인생을 늪지대에서 잘 띄워 올릴
수 있을 것이다.

  자막은 흐르고...

농장주인, 일군 1, 일군 2.. 퇴장하다.. 닭도 날개를 흔
들며 퇴장한다..

아듀! ^^

"목표달성을 위한 융합의 요소들을 알아내고,
달걀을 더 낳는 목표를 달성하는 것이다"

이 책을 관통하여 설명하고 있는
것은 융합을 통한 일의 목표달성이다.

한 마리의 닭을 키우는 실험적인 농장을 만들어 목표
달성의 범위를 정하고, 목표달성을 위한 융합의 요소들
을 알아내고, 달걀을 더 낳는 목표를 달성하는 것이다.

그런데, 융합의 요소들을 알아낸 다음 목표를 달성하
기 위해 우리가 할 일이 있다. 바로 일의 지렛대 지점
(leverage point)를 찾는 일이다. 달걀을 하루에 한 개에서

두 개로 낳는 방법을 찾는 것이다. 바로 특정 동물음악 과 그에 어울리는 사료를 조합을 통해 찾는 일이다.

그러나, 일의 지렛대 지점을 찾는 일보다 더 중요하고 어려운 일은 그 전의 단계에서 수행하는 일인 융합의 요 소들을 알아내는 것이다. 융합의 요소들의 개별적인 특 징을 제대로 알아내지 못하면 나와 다른 방식을 소홀히 대하게 되고, 자칫 융합의 요소로 여기지 않게되기 때문 이다. 그러면, 융합의 결과물을 얻는 과정 자체를 밟을 수가 없다.

프롤로그에 언급한 호두농장주인을 이 융합이야기의 중심인물인 닭 농장 주인의 모습에 반영한 이유가 있다. 물론, 그가 입고 있던 옷이나 풍기던 외양이 적합하다는 생각도 있었지만, 무엇보다 그가 융합으로 그의 인생을 풀어가고 있었기 때문이다. 그 말은, 그의 인생속에 겪어 왔던 요소들을 앞으로의 인생을 달려감에 적절하게 조합하여 쓰고 있다는 말이기도 하다.

그는 전투기 조종사를 했었다. 호텔도 경영했었다. 과수원도 경영했고, 전자제품회사에서 영업을 하기도 했었다. 한 줄씩 간단하게 그의 지나온 일들을 나열하기는 어렵지는 않지만, 그 입장에서 삶의 단계를 넘어가며 겪게 되던 이질적인 일들을 자신의 것으로 받아들이기는 쉽지는 않았을 것이다.

그리고, 그는 탁월한 기술개발자였다. 호두나무를 심기위해 좋은 땅을 찾고자 불철주야로 노력을 하였고, 어린 묘목을 병충해로부터 보호하는 기술도 갖고 있었다. 마침내 그는 건강한 호두나무를 길러냈고, 쏟아지듯이 달리는 호두를 수확해 냈다. 이렇듯 기술에서도 그는 융합을 일구어냈다. 그가 모든 융합의 요소들을 하나같이

소중히 여긴 결과가 아닐까하는 조심스러운 추측을 해
본다.

관련기사:
http://www.econovill.com/news/articleView.html?
idxno=23536

"융합의 결과를 이끌어낼 확률을 높이기 위해 서로의 장점을 살리는 것이 좋아"

융합에도 스스로 정의한 의미를 가지고 있어야 한다고 본다. 왜냐하면, 모든 성과는 스스로 정한 의미가 이끌어가기 때문이다.

개인적으로 정의하는 융합은, 구성요소들의 최적조합이라 할 수 있겠다. 우리가 가지고 있는 능력들이나 비즈니스의 요소들을 적절히 조합하여 융합의 결과물을 얻어낸다는 뜻이다.

그런데, 아직도 산업현장에서는 융합을 이룰 요소들

의 이질성 때문에, 구성원들 간의 적지 않은 충돌을 유발하고 있다. 그래서 본문에서 다룬 융합의 요소들의 이질성을 다시 한 번 정리하고자 본문에서 다루지 않은 융합의 과정을 보다 자세히 설명하고자 한다.

우선 사료수업과 같이, 새로운 부분이 확대되어 전체를 그리는 방식은, 생활도구에 필요한 새로운 소재를 찾거나, 새로운 인물을 찾는 데에 많이도 사용된다. 특히, 특정 단체의 효율성을 끌어올릴 새로운 인물을 찾는 데에 유효하다.

이와는 달리, 기계나 반도체 부품과 같은 시스템을 구현하는 쪽에서는, 전체의 그림을 먼저 그리게 된다. 그러고 나서 새로운 부분을 찾는다. 최종적으로 향상된 성능을 가진 전체를 구현하게 된다.

반도체부품의 시스템향상 과정을 들여다봄으로, 전체

의 그림을 먼저 그리는 방식을 보다 자세히 알아보자. 이 과정을 들여다봄으로 융합의 양쪽 방식이 어떤 식으로 협업을 이끌어갈 수 있을지 힌트를 얻을 수 있을 것이다.

전체를 먼저 그리는 방식에서 가장 중요한 것은, 먼저 간단한 반도체 부품 구조를 직접 구현해 낸다. 그 과정에서, 반도체의 효율향상에 영향을 주는 요소들이 어떤 것들이 있는지, 이 요소들이 어떻게 연결이 되어있는지를 알아내게 된다. 이 과정을 수행하려면 기술적인 기준이 있어야 한다.

그 다음 과정이 간단한 구조의 반도체 부품의 효율을 향상시키는 것이다. 새로운 소재의 도입을 통해 효율을 향상시키고자 할 때, 시스템을 구성하는 요소들에 어떤 방식으로 영향을 주어 효율향상을 끌어내는지 예측을

해야 한다. 여기서도, 새로운 소재는 당연히 기술적인
기준에 준하여 골라야 한다.

　마지막 단계에 할 일은, 간단한 반도체 부품 구조에
새로운 소재를 도입하여 시스템의 효율향상을 이끌어낸
다.(동물음악의 수업이 전체 그림을 먼저 그리는 방식이라고 말하
고 있고, 본문에서는 수업방식을 간략하게 설명하고 있다.)

　그러면, 사람들이 왜 두 방식이 다르다고 생각을 할
까. 사료수업과 같이 새로운 소재나 인물을 먼저 찾는
방식은, 소재가 새로운 가에 주로 관심을 두고 공부를
한다. 그리고 그 소재들을 찾아 특성들을 열거하는 일에
우선한다. 거기다가 사료수업처럼, 새로운 소재들로 인
해 일어나는 결과들을 차례차례 알아감으로, 최종적인
시스템향상을 끌어내는 데는 시간이 오래 걸린다. 처음

부터 기존 시스템이 어떻게 운용이 되는가를 알아보기보다 새로운 소재를 통해 최종적인 시스템향상을 바로 끌어내려고 하다 보니, 시행착오를 겪는 일이 잦아지고 최종적으로 시스템향상을 이끌어낼 확률이 상대적으로 낮아진다는 것이다.

반면에 전체를 먼저 공부하는 방식은, 기술적인 기준 파악과 기존의 시스템의 요소들이 어떻게 연결되어 있는가에 치중하여 공부한다. 이미 기존의 큰 그림을 완성하는 일자체가 양이 방대하니 보니, 가능성 있는 새로운 소재를 찾는 일에 자칫 소홀히 할 수 있다. 특히, 시스템을 향상시키기 위한 새로운 소재를 찾는 일은, 우연히 이루어지는 경우가 많다. 그러나 기존의 시스템을 파악하는 일은 틀을 찾는 일이라서, 우연한 결과를 기대하는 새로운 소재의 발굴과 같은 일을 뒤로 미루는 경향이 있을 수 있다.

여기에 자세하게 설명하는 바와 같이, 융합의 구성요소들의 이질성을 대표적으로 드러내는 두 방식이 사실은 서로 다른 방식이 아니라는 것을 알 수 있다. 출발지점에 있다면, 당장은 접근방식이 서로 다른 것처럼 보인다는 것이다. 그러나 새로운 부분을 먼저 찾는 방식은 결국에는 전체 그림을 그리게 되고, 전체적인 그림을 먼저 그리는 방식도 결국에는 시스템향상을 위해 새로운 소재를 찾아나서야 하는 입장이다.

융합의 결과를 이끌어낼 확률을 높이기 위해서 서로의 장점을 살리는 것이 좋고, 그래서 두 방식이 서로에게 귀를 기울이지 않을 수 없다는 것이 이 책에서 이야기하는 바이다.

⁝ 감사 | Thank

"지나온 순간마다 도와 주신분들께,
이제서야 감사를 드리고자 한다"

무엇에 감사해야 할 까?

어떤 일이 끝나가는 즈음, 고민에 빠지게 되는 순간
이다.

내가 다 했다는 뜻인가?
그건 아니다.

나는 여태까지 감사해야 하는 태도에 매우 인색하며
살아왔다.

결과를 모두의 공으로 돌리게 된 것은 가장 최근에의 일이다.

지나온 순간마다 도와주신 분들께, 이제 서야 감사를 드리고자 한다.

그리고, 모르는 길을 가는 데에는 여러 사람들이 필요하다. 길은 있을 거라는 감이 있는 사람, 그 사람을 현실로 끌어내는 사람, 또 길은 있을 거라는 감을 다른 사람들이 알아볼 수 있게 하는 사람, 그리고 그 감을 다른 형태로도 표현해 주는 사람 등이다.

이 책이 나오는 데에 위의 역할들이 모두 수행이 되었다. 편집을 맡아주신 조용재 대표님, 내용에 들어가는 그림을 그려주신 송혜란 화가님, 책이라는 큰 그림을 그려주신 조현수 회장님이 그 분들이다. 감사드린다. 아울

러, 이 책이 출판이 되도록 도와주신 모든 분들께도 감사를 드린다.

또, 사랑하는 가족들, 감사드린다. 특히, 이 책이 만들어지는 동안 예기치 않게 소천하신 아버지께 하느님의 사랑이 늘 함께하길 기도드립니다. 아버지, 많이 사랑합니다. 그리고, 그 슬픔을 고스란히 떠 안으신 어머니, 고단했던 삶에 존경을 표합니다.

이로 인해 나는 새로 태어났다고 생각을 한다. 생물학적으로 태어난 내 모습도 사라지고, 사회에서 만들어진 모습도 탈피한, 그냥 그대로의 모습으로 말이다.

마지막으로, 이 책을 택해주신 독자 여러분들께도 감사를 드립니다.
감사합니다.

그리고, 마지막 등장인물; 닭

명품 알을 낳는 닭이며, 농장주인과 알을 더 낳는 실험이 있은 후에, 잠든 척~ 하며 쉬고 있다~~ zzz

2020년 6월

저자 김동환

저자 프로필

김동환

엔지니어로써 여러 경험들을 하게 되었다.(DGIST 박사수료, 전자부품과 반도체 장비개발, 비즈니스 모델의 부분적 참여) 이런 경험들 속에서, 매번 느끼는 것은 '어렵다'는 감정이다.

지나온 순간들을 돌아보게 되었다. 그러면서 하나 짚어낸 바는, 내가 문제의 해결에 집착을 했었다는 것을 알게 되었다. 이런 마음으로 문제를 풀어보려고 했으니, 문제는 더 견고해져 갔다고 생각한다.

그러던 와중에, 내가 생각하는 내 모습과 남들이 그려 볼 내 모습에 차이가 있을 것이라고 추측하게 되었다. 그래서 그 차이를 줄이고자 억지스러운 노력을 하였다. 그 뒤로도 무수한 일들이 있었고, 그로인해 상처가 생기고 또 아무는 그런 시간들이 있었다.

어느 날, 몹시 고민스러운 밤이 지나고 아침을 맞던 때, 나는 작은 힌트를 발견하고 있었다. 남들이 그려 볼 내 모습도 완전하지 않을 것이라는 생각이 들었다.

마음이 자유로워지고 있었다. 그러니, 내가 보는 내 모습과 남들이 그려볼 내 모습에 차이가 있다는 것도 신경을 덜 쓰게 되었다. 아마, 이 지점이 가끔은 해결이 되었던 일들의 견고함이 풀어졌던 통로가 아니었나 한다.

이제, 무거웠던 마음을 조금씩 더 내려놓고, 자유롭게 표현하는 작가로써 살아가고 싶다.

이메일 | dongwhan@hotmail.com